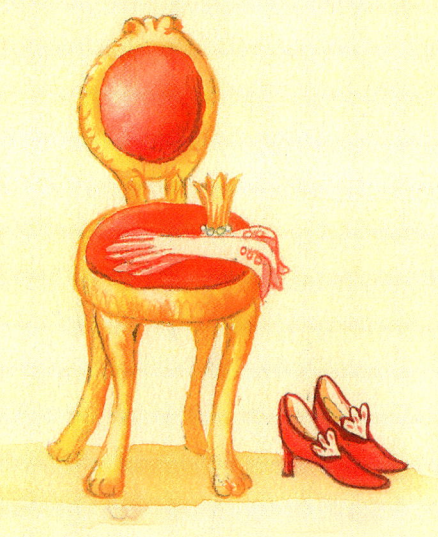

Der Bücherbär

Klassiker für Erstleser

Dieses Buch gehört

_____

Ilse Bintig

wurde in Hamm (Westfalen) geboren. Nach dem
Pädagogik-Studium unterrichtete sie an Grund- und
Hauptschulen. Seit 1984 arbeitet sie als freie
Schriftstellerin. Sie verfasst Erzählungen,
Kurzgeschichten, Kinderbücher, Jugendromane und
Spielstücke.

Kirsten Strassmann

wurde 1968 geboren und studierte Grafik-Design
mit Schwerpunkt Buchgestaltung in Mainz.
Sie arbeitete einige Jahre in einer Agentur und
machte sich dann als freie Illustratorin selbstständig.
Seither lebt und arbeitet sie mit Ihrem Mann und
ihren zwei Söhnen in Recklinghausen.

Die schönsten Prinzessinnen-Märchen

Neu erzählt von Ilse Bintig

Mit farbigen Bildern
von Kirsten Strassmann

EDITION
BÜCHERBÄR

In neuer Rechtschreibung

***

4. Auflage 2007
© Edition Bücherbär im Arena Verlag GmbH, Würzburg 2006
Alle Rechte vorbehalten
Einband und Innenillustrationen von Kirsten Straßmann
Gesamtherstellung: Westermann Druck Zwickau GmbH
ISBN 978-3-401-08925-6

www.arena-verlag.de

Inhalt

Der Schweinehirt
und die Prinzessin

Es war einmal ein Prinz, der hatte ein klitzekleines
Königreich. Es war gerade so groß, dass man eine
Hochzeit darauf feiern konnte. Und das wollte der
Prinz.
Eines Tages verriet er seinem Freund ein
Geheimnis: »Ich werde die Tochter des Kaisers
heiraten, denn sie gefällt mir von allen
Prinzessinnen am besten.«
Der Freund lachte laut auf. »Glaubst du wirklich,
die Tochter des Kaisers heiratet einen armen
Prinzen? Du hast ja nicht mal ein richtiges
Geschenk für sie.«

»Ich schenke der Prinzessin etwas
sehr Kostbares«, verriet der Prinz.
In dem kleinen Garten hinter dem Schloss wuchs
ein großer Rosenstrauch. In jedem fünften Jahr
blühte an dem Strauch eine einzige Rose. Sie war
dunkelrot und duftete so süß, dass man alle
Sorgen vergaß. Diese Rose wollte der Prinz der
Prinzessin schenken.
Er schickte einen Boten mit der Rose ins
Schloss des Kaisers.

Als die Prinzessin die Rose sah, rief sie: »Oh, wie schön! Ein herrliches Kunstwerk!«
Die Hofdamen sagten: »Oh, wie bezaubernd! Die Rose war bestimmt sehr teuer.«
»Es ist keine künstliche Rose«, erklärte der Bote. »Sie ist im Garten des Prinzen gewachsen.«
»Igittigitt! Eine natürliche Rose!«, kreischte eine Hofdame.
Die Prinzessin ließ die Rose entsetzt auf den Boden fallen. »Pfui! Eine natürliche Rose! Wie kann ein Prinz mir nur so etwas Hässliches schenken?«
Als der Prinz hörte, dass der Prinzessin die Rose nicht gefallen hatte, schickte er ihr seine Nachtigall. Sie konnte so

herrlich singen wie kein anderer Vogel auf der Welt.

»Wie schön!«, rief die Prinzessin, als sie die liebliche Stimme der Nachtigall hörte.

»Wie reizend!«, riefen die Hofdamen.

»Das ist eine ganz entzückende Spieldose«, meinte eine Hofdame.

Die Prinzessin griff nach dem Vogel und schrie: »Pfui, das ist ja ein natürlicher Vogel!«

»Pfui! Ein natürlicher Vogel! Wie schrecklich!«, riefen die Hofdamen, und die Prinzessin ließ den Boten aus dem Schloss jagen.

Jetzt beschloss der Prinz, selbst zum Kaiser zu gehen. Er bemalte sich das Gesicht und die Hände mit brauner Farbe, zog einen zerlumpten Mantel an und setzte eine schmutzige Mütze auf. Dann ging er geradewegs zum Kaiser und fragte: »Habt Ihr eine Arbeit für mich?«

»Du kannst auf meine Schweine aufpassen und die Ställe ausmisten«, antwortete der Kaiser.

Von nun an hütete der Prinz jeden Tag die Schweine, und nachts schlief er im Stall. Wenn abends die Tiere versorgt waren, bastelte er einen Wundertopf. Sobald der Topf kochte, klingelten viele Schellen und spielten das Lied »Oh, du lieber Augustin . . .«. Aber der Topf konnte noch mehr. Wer den Finger in den Dampf hielt, konnte riechen, was in allen Häusern der Stadt gekocht wurde.

Eines Tages kam die Prinzessin mit ihren Hofdamen auf die Schweinewiese und hörte das Lied »Oh, du lieber Augustin . . .«.

Die Prinzessin klatschte begeistert in die Hände. »Das ist ja mein Lieblingslied. Den Topf muss ich haben.« Eine Hofdame fragte sofort beim Schweinehirten nach dem Preis des Topfes. Sie kam mit hochrotem Kopf zurück und stotterte: »Das . . . das kann ich gar nicht laut sagen.«

Sie flüsterte der Prinzessin ins Ohr: »Der Schweinehirt will zehn Küsse von dir haben.«

»So ein unverschämter Kerl!«, schimpfte die Prinzessin. »Sag ihm, die Hofdamen werden ihm die Küsse geben!«

Das wollte der Schweinehirt aber nicht. Er ließ der Tochter des Kaisers ausrichten: »Zehn Küsse von der Prinzessin, oder ich behalte den Topf!«

Zuerst war die Prinzessin wütend, aber dann sagte sie zu den Hofdamen: »Kommt mit! Ich werde dem frechen Kerl die Küsse geben, aber niemand darf es sehen.«

Die Hofdamen stellten sich im Kreis um den Schweinehirten und die Prinzessin. Sie hoben sich auf die Zehenspitzen und breiteten ihre weiten Röcke aus und zählten laut die Küsse: »Eins, zwei, drei, vier, fünf, sechs, sieben, acht, neun . . . zehn!«

Der Schweinehirt bekam die zehn Küsse, und die Prinzessin bekam den Topf. Sie hielt den Finger in den Dampf und rief: »Beim Bürgermeister gibt es heute Erbsensuppe mit Speck.«

Die Hofdamen lachten und klatschten vor Vergnügen in die Hände.

Ein paar Tage später bastelte der
Schweinehirt eine Knarre, die Tanzmusik
machen konnte. Die Prinzessin und die
Hofdamen hörten die Musik und hätten
am liebsten zwischen den Schweinen auf
der schmutzigen Wiese getanzt. Aber
das wagten sie nicht.

»Ich muss die Knarre haben«, sagte
die Prinzessin, »dann können wir im
Schloss tanzen.«

Der Schweinehirt wollte für die Knarre hundert Küsse von der Prinzessin haben.

»Oh weh, hundert Küsse!«, kreischten die Hofdamen. »Wie entsetzlich!«

Die Prinzessin war wütend. »Niemals kriegt der Schweinehirt hundert Küsse von mir. Soll er doch seine Knarre behalten.«

Die Prinzessin hörte jedoch immer wieder die schöne Tanzmusik auf der Schweinewiese. Schließlich sagte sie: »Ich muss die Knarre haben, auch wenn sie hundert Küsse kostet.«

Die Prinzessin und ihre Hofdamen stapften zwischen den Schweinen hindurch über die schmutzige Wiese. Dann nahmen die Hofdamen die Prinzessin und den Schweinehirten in ihre Mitte, stellten sich auf die Zehenspitzen, hoben die Röcke und zählten laut die Küsse. Sie waren so in das Zählen vertieft, dass sie nicht merkten, dass plötzlich jemand hinter ihnen stand. Beim sechsundachtzigsten Kuss schlug ihnen einer mit seinem Pantoffel auf den Kopf. Es

war niemand anderes als der Kaiser. Er stellte sich
auf die Zehenspitzen und entdeckte hinter den
Hofdamen seine Tochter und den Schweinehirten.
Beim siebenundachtzigsten Kuss polterte der
Kaiser los. Die Prinzessin erschrak fürchterlich, als
sie die Stimme des Vaters hörte. Er schrie seine
Tochter an: »Verschwinde mit deinem
Schweinehirten! Ich will dich nie mehr sehen.«
Soviel die Prinzessin auch weinte und
jammerte, sie musste mit dem

schmutzigen
Schweinehirten
das Land verlassen.
Sie liefen und liefen und
kamen endlich in das
klitzekleine Land des Prinzen.
Vor dem Schloss blieben sie
stehen, und der Schweinehirt
sagte: »Hier wohnt der Prinz, der
dich heiraten wollte und der dir die Rose und die
Nachtigall geschickt hat.«

Die Prinzessin jammerte laut: »Ach, hätte ich doch
den schönen Prinzen genommen!«

»Zu spät!«, meinte der Schweinehirt. Er ließ die
Prinzessin stehen und verschwand durch eine Tür
des Schlosses. Hier verwandelte sich der
Schweinehirt wieder in den Prinzen und kam in
eleganten Kleidern aus dem Schloss.

Die Prinzessin glaubte zu träumen.

»Wer bist du?«, stammelte sie.

»Ich bin der Prinz, der dir die Rose und die
Nachtigall geschickt hat«, sagte der schöne Mann.

»Die Geschenke aus meinem Garten hast du verachtet, aber für ein lächerliches Spielzeug hast du einen Schweinehirten geküsst.«

Die Prinzessin bekam einen puterroten Kopf und bettelte: »Bitte verzeih mir! Ich werde dich belohnen. Du darfst mich sogar heiraten.«

Der Prinz schüttelte den Kopf. »Niemals werde ich eine so hochmütige und dumme Prinzessin zur Frau nehmen.«

Dann drehte der Prinz sich um und schlug der Tochter des Kaisers die Tür vor der Nase zu.

Die Prinzessin auf der Erbse

In einem großen Schloss lebte ein Prinz mit seinen
Eltern und vielen Dienern. Eines Tages sagte der
König zu seinem Sohn: »Mein lieber Sohn, es wird
Zeit, dass du dir eine Frau suchst. Aber es muss
eine echte Prinzessin sein.«

Der Sohn nickte und antwortete: »Es ist nicht leicht,
eine echte Prinzessin zu finden. Was soll ich tun?«

»Mach dich auf den Weg, und reise in fremde
Länder! Irgendwo wirst du schon eine Prinzessin
finden«, sagte der König.

Eines Tages war es so weit. Der Prinz stieg mit
seinen Dienern in eine goldene Kutsche.

Viele Menschen standen am Rand der Straße
und jubelten dem Prinzen zu.

»Hoffentlich bringt der Königssohn bald eine Prinzessin mit«, riefen die Leute.

Die goldene Kutsche fuhr in viele fremde Königreiche, und der Prinz begegnete vielen Mädchen, die behaupteten, eine Prinzessin zu sein. Aber die Diener des Prinzen bekamen schnell heraus, dass kein einziges Mädchen eine echte Prinzessin war. Der Königssohn war traurig, aber es konnte ihm niemand helfen.

Schließlich sagte der Prinz zu seinen Dienern:
»Lasst uns nach Hause fahren! Wir werden keine
echte Prinzessin finden.«
So machten sich der Prinz und seine Diener auf
den Heimweg.
Der König und die Königin freuten sich über die
Heimkehr ihres Sohnes, aber sie waren traurig,
dass er keine Prinzessin mitbrachte. Auch die
Leute im Königreich waren enttäuscht, denn sie
hatten sich auf eine große Hochzeit gefreut.

Eines Abends zogen am Himmel schwarze
Wolken auf. Es regnete, blitzte und donnerte.
Plötzlich klopfte es ans Tor.
»Wer kann das sein?«, fragte der König erstaunt
und öffnete selbst die Tür. Draußen stand ein
Mädchen im strömenden Regen. Das Wasser lief
ihm übers Haar bis in die Schuhe.
»Wer bist du?«, fragte der König.
»Ich bin eine Prinzessin«, antwortete das
Mädchen.

Der König schüttelte ungläubig den
Kopf und holte das pitschnasse
Mädchen ins Schloss. Eine
Dienerin musste der Fremden
frische Kleider bringen und die
nassen Haare trocknen. Der Prinz
und seine Eltern sahen jetzt erst, wie schön das
Mädchen war. Aber hatte es die Wahrheit gesagt?
War es wirklich eine echte Prinzessin?
Das werde ich herausbekommen, dachte die
Königin. Aber sie verriet nicht, was sie vorhatte.
In der Schlossküche wollte der Koch gerade eine
Erbsensuppe kochen. Da stand plötzlich die
Königin hinter ihm. Sie griff in den Topf, holte eine
getrocknete Erbse heraus und steckte sie in die
Tasche. Ohne ein Wort zu sagen, verließ sie die
Küche. Der Koch schüttelte verwundert den Kopf.
Wozu brauchte die Königin eine Erbse?
Eine Dienerin musste für das fremde Mädchen ein
Bett herrichten. Die Königin legte die Erbse
heimlich unten ins Bett. Dann ließ sie zwanzig
Matratzen ins Schlafzimmer tragen und auf die

Erbse legen. Über die Matratzen türmte
die Dienerin noch zwanzig weiche
Federbetten. Dann ging die Königin zu
dem Mädchen und sagte: »Ich habe dir
ein Bett fertig machen lassen. Auf den
weichen Matratzen wirst du herrlich
schlafen können.«
Die Königin führte die Prinzessin
selbst in das Schlafzimmer. Das
Mädchen war sehr müde. Es stieg
auf das hohe, weiche Bett und schlief
sofort ein.
Am nächsten Morgen rief die Königin
die ganze Familie und alle Diener in
den Thronsaal. Sie flüsterte dem
König zu: »Gleich werden wir
wissen, ob das Mädchen eine
richtige Prinzessin ist.«
Eine Dienerin musste die Fremde
holen. Allen fiel auf, dass
das Mädchen blass
und müde aussah.

»Wie hast du in deinem Bett geschlafen?«, fragte die Königin. »Sag es aber bitte ehrlich!«

Das Mädchen senkte den Kopf und flüsterte: »Ich habe die ganze Nacht nicht geschlafen.«

»Und warum nicht?«, fragte die Königin.

»Ich weiß nicht, was in meinem Bett gewesen ist. Ich habe auf etwas Hartem gelegen. Es hat sehr wehgetan«, klagte das Mädchen. »Mein ganzer Rücken ist rot und blau.«

Da ging ein Strahlen über das Gesicht der Königin. »Du hast heute Nacht auf einer Erbse geschlafen und sie durch zwanzig Matratzen und zwanzig Federbetten hindurch gefühlt. So empfindlich kann nur eine echte Prinzessin sein!«

Die Königin ging auf die Prinzessin zu und umarmte sie. Alle Leute im Saal jubelten. Eine echte Prinzessin! Endlich eine echte Prinzessin im Schloss! Und der Prinz? Dem hatte das fremde Mädchen sofort gefallen. So kam es, wie es kommen musste: Prinz und Prinzessin heirateten und feierten eine große Hochzeit.

Nach dem Fest holte die Königin die Erbse aus dem Bett und legte sie in die Schatzkammer. Dort liegt sie noch heute, und jeder kann sie sehen – natürlich nur, wenn sie nicht gestohlen worden ist.

Die zertanzten Schuhe

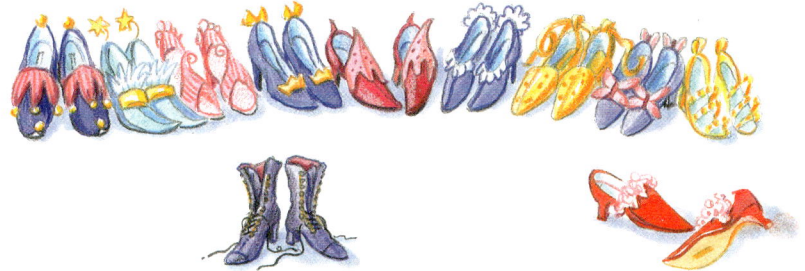

Es war einmal ein König, der hatte zwölf
Töchter. Sie schliefen alle zusammen in einem
großen Saal. Eines Tages entdeckte der König
etwas Seltsames: Jeden Morgen waren in den
Schuhsohlen seiner Töchter große Löcher. Die
Prinzessinnen mussten in der Nacht getanzt
haben! Von nun an verschloss der König jeden
Abend die Tür zum Saal. Aber jeden Morgen
waren die Schuhe wieder kaputt! Wo hatten die
Prinzessinnen getanzt? Wie waren sie aus dem
Schloss gekommen? Aber das blieb das
Geheimnis der zwölf Prinzessinnen.
Ich muss es herausfinden, dachte der König und
schickte einen Boten durchs ganze Land. Er rief

überall aus: »Wer entdeckt, wo die
Königstöchter nachts tanzen, darf sich eine
Prinzessin zur Frau nehmen! Wer sich meldet und
das Rätsel der zertanzten Schuhe nicht lösen
kann, der verliert sein Leben.«
Jeder im Land wusste, wie schön die
Prinzessinnen waren. So wagten es ein paar
mutige, junge Prinzen, die Aufgabe zu
lösen. Ein Prinz nach dem anderen
wurde im Schloss empfangen. Er
bekam ein Bett vor dem Saal der
Prinzessinnen. Die Tür durfte auf
Befehl des Königs nicht
verschlossen werden. Aber es war
seltsam. Kaum lag der Prinz im Bett,
schlief er fest ein. Wenn er am Morgen
erwachte, hatte er nichts gesehen und
gehört. Nach der dritten Nacht verlor er sein
Leben. So erging es jedem jungen Mann, der
sich beim König meldete.

Eines Tages wanderte ein armer Soldat durch den Wald, in dem das Schloss des Königs lag. Auf seinem Weg traf er eine alte Frau. Sie fragte: »Was hast du vor? Wo gehst du hin?«

»Ich weiß es selbst nicht«, antwortete der Soldat. Und dann lachte er übermütig: »Wer weiß? Vielleicht heirate ich eine Prinzessin.«

»Das ist gar nicht so schwer«, sagte die alte Frau. »Du darfst nur nicht den Wein trinken, den dir die Prinzessinnen anbieten. Dann kannst du die ganze Nacht wach bleiben.« Die Frau zog aus ihrer Tasche ein Mäntelchen. »Wenn du diesen Mantel um die Schultern hängst, bist du unsichtbar und kannst hinter den Prinzessinnen herschleichen.«

»Nein«, antwortete der Soldat, »es wird mir sicher genau so gehen wie den Prinzen.«

»Das wird es nicht, ich verspreche es dir«, sagte die alte Frau. »Du musst nur tun, was ich dir geraten habe.«

Der Soldat bedankte sich für den Rat und das Mäntelchen und ging geradewegs ins Schloss. Dort wurde er genauso freundlich empfangen wie die Königssöhne. Abends brachte ihm die älteste Prinzessin ein Glas Wein. Der Soldat befolgte den Rat der alten Frau. Er trank den Wein nicht, sondern ließ ihn in einen Schwamm laufen, den er sich unters Kinn gebunden hatte. Dann legte er sich in sein Bett und stellte sich schlafend.

Die Prinzessinnen fühlten sich sicher und zogen prächtige Kleider an. Sie lachten übermütig und freuten sich auf den Tanz.

Nur die jüngste sagte: »Ich fürchte mich vor dieser
Nacht. Ich habe das Gefühl, dass ein Unglück
passiert.«

»So ein Unsinn!«, meinte die älteste Schwester.
»Du bist ein Angsthase. Der Soldat hat das
Schlafmittel getrunken und schläft tief und fest.«

Als die Prinzessinnen ihre neuen Schuhe angezogen hatten, klopfte eine der Königstöchter dreimal an ihr Bett. Da sank es in die Erde, und die zwölf Königstöchter kletterten eine nach der anderen in die Öffnung hinunter. Der Soldat stand leise auf, hing sein Mäntelchen um und stieg hinter den Prinzessinnen her. Keine der Schwestern konnte ihn sehen, denn das Mäntelchen machte ihn unsichtbar.

Plötzlich trat der Soldat der jüngsten Königstochter auf das lange Kleid. Sie erschrak und rief: »Oh weh! Was ist das? Es hält mich einer fest.«

»Unsinn!«, rief die älteste Prinzessin. »Du bildest dir etwas ein. Hier ist niemand. Vielleicht bist du an einem Haken hängen geblieben.«

Am Ende der langen Treppe standen Bäume mit silbernen Blättern. Der Soldat brach einen kleinen Ast ab, um ein Zeichen mitzunehmen. Die jüngste

Prinzessin rief entsetzt: »Habt ihr das seltsame Knacken gehört? Es geht heute nicht mit rechten Dingen zu.«

Die älteren Schwestern lachten sie aus. »Du Angsthase! Unsere Prinzen schießen vor Freude in die Luft, weil sie bald erlöst sind.«

Der Soldat folgte den Prinzessinnen bis in einen Wald. Alle Blätter der Bäume waren aus reinem Gold. Wieder steckte der Soldat ein paar Blätter in die Tasche. Bald kamen sie an einen großen See, darauf schwammen zwölf Boote, und in jedem Boot saß ein schöner Prinz. Die Königssöhne hatten schon auf die Prinzessinnen gewartet. Jeder Prinz holte sich seine Liebste ins Boot und fuhr davon. In letzter Minute konnte der Soldat noch in das Boot der jüngsten springen.

»Wie schwer das Boot plötzlich geworden ist!«, sagte die Prinzessin.

»Ich merke es auch. Es fällt mir schwer, das Boot zu rudern«, meinte der Prinz. Wieder wurde der Prinzessin ein wenig unheimlich zumute. Als aber am Ufer

das herrliche Schloss auftauchte,
hatte sie alle Angst vergessen.
Eine wunderschöne Musik ertönte,
und die Prinzen führten ihre
Liebsten in das Schloss und tanzten
mit ihnen, bis sie ihre Schuhe
durchgetanzt hatten. Dann brachten die
Prinzen ihre Prinzessinnen wieder zurück
an das andere Ufer. Der Soldat schaffte
es, als Erster wieder im Schloss zu sein.
Er legte sich ins Bett und stellte sich
schlafend. Die Prinzessinnen lachten,

als sie den laut schnarchenden
Soldaten sahen.

»Unser Schlaftrunk hat gewirkt«, stellte
eine der Schwestern fest.

Am nächsten Morgen erzählte der
Soldat nichts von seinen Erlebnissen.
Er beobachtete das Abenteuer der
Prinzessinnen noch ein zweites und ein
drittes Mal. In der letzten Nacht nahm er
aus dem Schloss der unterirdischen
Prinzen einen Becher als Beweis mit. Am
dritten Tag wurde er zum König gerufen.
Die Prinzessinnen standen alle hinter der
Tür und lauschten.

Der König fragte den Soldaten: »Hast
du herausgefunden, wo meine
Töchter in der Nacht tanzen?«

»Ja, das habe ich«,
antwortete der Soldat.
»Sie tanzen mit zwölf
schönen Prinzen in einem
unterirdischen Schloss.«

Dann gab er dem
König die silbernen
und goldenen
Zweige und den
kostbaren
Becher. Da
wusste der
König, dass der
Soldat die Wahrheit
gesagt hatte. Er rief seine Töchter zu sich, und
jetzt half kein Lügen mehr. Die Prinzessinnen
mussten dem Vater die ganze Wahrheit erzählen.
Der König sagte zu dem Soldaten: »Ich werde
mein Versprechen halten. Du darfst dir eine meiner
Töchter aussuchen und heiraten.«
»Ich bin nicht mehr jung«, erklärte der Soldat,
»deshalb gebt mir bitte die älteste Prinzessin.«
Noch am gleichen Tag wurde die Hochzeit
gefeiert. Und später ist der Soldat König
geworden und hat ein großes Reich
regiert.

König Drosselbart

Es war einmal ein König, der hatte eine einzige
Tochter. Die Prinzessin war wunderschön, aber
stolz und hochmütig. Es gab viele Prinzen, die die
Königstochter gerne geheiratet hätten. Aber der
Prinzessin war keiner gut genug. Sie spottete über
jeden, der sie zur Frau haben wollte.
Eines Tages sagte der König zu seiner Tochter:
»Ich werde alle Prinzen ins Schloss einladen. Und
dann wirst du dich für einen der Männer
entscheiden und ihn heiraten.«
So geschah es. Die Prinzen mussten sich im
Königssaal aufstellen, und die Prinzessin wurde
durch die Reihen geführt. Sie hatte an jedem

43

Prinzen etwas auszusetzen. Zu dem einen sagte sie: »Du gefällst mir nicht. Du bist mir zu dick. Ich heirate doch kein Weinfass.«

Ein anderer bekam zu hören: »Du bist mir zu groß und zu dünn. Eine lange Latte bist du!«

Der nächste Prinz war der Prinzessin zu blass. »Du siehst aus wie der bleiche Tod.«

Schließlich stand die Prinzessin vor einem schönen, großen Königssohn. Sie schaute ihn prüfend von oben bis unten an. Schließlich entdeckte sie, dass sein Kinn ein wenig krumm gewachsen war. Sie kicherte und spottete: »Du hast ja ein krummes Kinn. Wie der Schnabel einer Drossel sieht es aus. Glaubst du etwa, ich heirate einen König Drosselbart?«

Nachdem die Prinzessin alle versammelten Prinzen abgewiesen und verspottet hatte, wurde der König bitterböse. »Du bist hochmütig und beleidigst alle meine Gäste. Zur Strafe sollst du den ersten Bettler zum Mann nehmen, der vor der Tür steht.«

Ein paar Tage später kam ein Spielmann in
schmutzigen, zerlumpten Kleidern ins Schloss und
sang vor dem König und seiner Tochter ein Lied.
Als er um Geld bettelte, sagte der König: »Dein
Lied hat mir gefallen. Ich will dir dafür meine
Tochter zur Frau geben.«

Die Königstochter erschrak und weinte bitterlich,
aber der König blieb hart. »Du hast die Strafe
verdient. Und was ich geschworen habe, das
will ich auch halten.«

Alles Betteln und Flehen half nicht. Noch
am gleichen Tage wurde die
Prinzessin mit dem Bettler getraut.
»Und nun ziehe mit deinem
Spielmann durch die Welt, und
hilf ihm beim Betteln«,
sagte der König.
Der Königstochter blieb
nichts anderes übrig, als
an der Hand des
zerlumpten Bettlers das
Schloss zu verlassen.

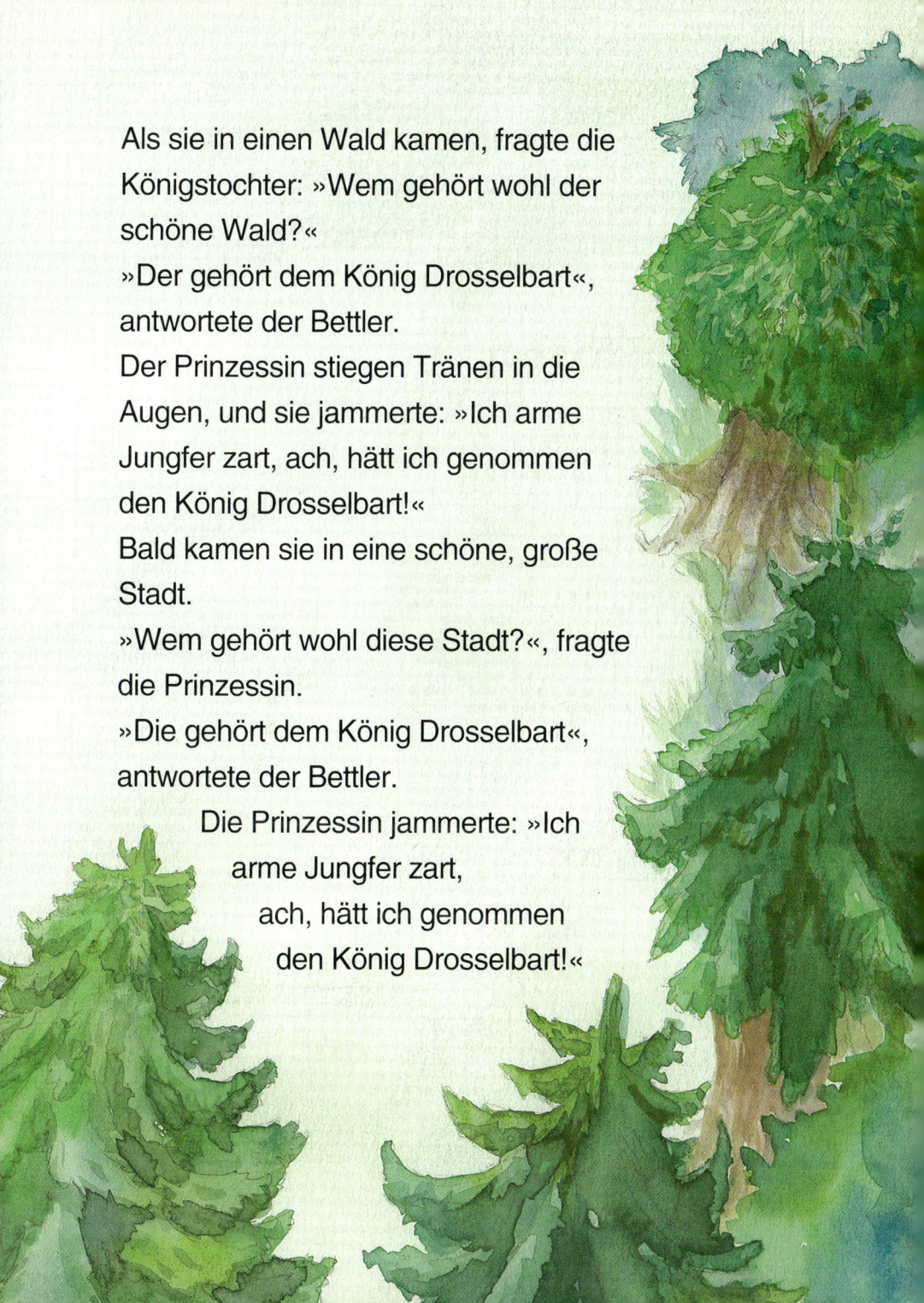

Als sie in einen Wald kamen, fragte die Königstochter: »Wem gehört wohl der schöne Wald?«

»Der gehört dem König Drosselbart«, antwortete der Bettler.

Der Prinzessin stiegen Tränen in die Augen, und sie jammerte: »Ich arme Jungfer zart, ach, hätt ich genommen den König Drosselbart!«

Bald kamen sie in eine schöne, große Stadt.

»Wem gehört wohl diese Stadt?«, fragte die Prinzessin.

»Die gehört dem König Drosselbart«, antwortete der Bettler.

Die Prinzessin jammerte: »Ich arme Jungfer zart, ach, hätt ich genommen den König Drosselbart!«

Der Spielmann sagte mit bösem Gesicht: »Es gefällt mir gar nicht, dass du an einen anderen Mann denkst. Ich bin dir wohl nicht gut genug?« Die Prinzessin gab dem Bettler keine Antwort. Endlich kamen sie an ein kleines Haus. Die Prinzessin sagte: »Ich habe noch nie ein so kleines, armseliges Haus gesehen. Wem gehört wohl das Haus?«

»Dir und mir«, sagte der Bettler. »Das ist unser Haus. Darin werden wir als Mann und Frau wohnen.«

Der Bettler führte die Prinzessin durch die niedrige Tür in die kleine Küche. Sie schaute sich entsetzt

um. Hier sollte sie wohnen? Schließlich fragte sie:
»Und wo sind die Diener und der Koch?«

»Diener und Köche gibt es nicht bei einem Bettler.
Hier muss eine Frau alles selbst machen«, erklärte
der Mann. »Du kannst sofort anfangen. Mach das
Feuer im Herd an, und schäle Kartoffeln! Ich habe
Hunger.«

Die Königstochter hatte noch nie im Leben
gearbeitet, so musste der Mann alles alleine
machen.

Eines Abends sagte er zu seiner Frau. »So geht
das nicht weiter. Wir haben nichts mehr zu essen.
Du musst jetzt Weidenkörbe flechten, um Geld zu
verdienen.«

Der Bettler schnitt Weidenzweige ab und brachte
sie der Prinzessin. Da fing sie an zu flechten, aber
die harten Weiden zerstachen ihre
zarte Hände. Sie schaffte es
nicht, einen einzigen Korb zu
flechten.

»Du bist zu nichts zu
gebrauchen«, schimpfte

der Mann böse. »Vielleicht kannst du wenigstens auf dem Markt Töpfe und Geschirr verkaufen.«

Die Prinzessin erschrak und jammerte: »Auf dem Markt könnten mich Leute aus dem Reich meines Vaters sehen. Ich würde mich zu Tode schämen.«

Es half kein Jammern und Klagen. Am nächsten Morgen stand die Prinzessin auf dem Markt hinter einem Stand voller Geschirr. Sie hatte Glück. Ein paar Frauen kauften bei ihr Tassen und Teller. Mit dem Geld bezahlte sie das Essen für sich und ihren Mann. Aber es reichte nicht lange, und deshalb musste die Prinzessin wieder auf den Markt gehen. Diesmal stellte sie ihren Stand an eine Ecke des Marktes. Plötzlich kam ein Reiter in wildem Galopp und riss den Stand mitsamt dem ganzen Geschirr um. Alle Teller, Tassen und Schüsseln zersprangen in tausend Stücke. Die Prinzessin hockte inmitten der Scherben und weinte bitterlich.

Voller Angst lief sie nach Hause und erzählte von dem Unglück.

Am nächsten Tag sagte der Mann: »Ich habe dir

im Schloss eine Stelle besorgt. Du kannst die groben Arbeiten in der Küche machen.«

So kam es, dass aus der Königstochter eine Küchenmagd wurde. Der Koch ließ sie die schwerste Arbeit tun. Dafür durfte sie etwas von den Resten der Speisen mit nach Hause nehmen. Sie füllte jeden Tag das Essen in zwei kleine Töpfchen, die sie in ihre großen Rocktaschen steckte.

Eines Tages gab es im Schloss ein großes Fest. Es sollte die Hochzeit des Königssohnes gefeiert werden.

Die Prinzessin schaute heimlich durch die Tür des Saales, in dem hunderte von Kerzen brannten. Sie sah die Pracht und die Herrlichkeit und bereute ihren Stolz und ihren Hochmut. Nun musste sie ein Leben lang als Frau eines Bettlers leben. Vor Kummer liefen ihr die Tränen über die Wangen. Die Diener warfen der Küchenmagd ein paar Brocken von dem Hochzeitsmahl zu. Bald waren beide Töpfchen in ihren Taschen gefüllt, und die Prinzessin wollte nach Hause gehen. Vor der Tür kam ihr der Königssohn entgegen. Er war für seine Hochzeit in Samt und Seide gekleidet und trug eine goldene Kette um den Hals. Die Prinzessin in ihrem ärmlichen Kleid wagte nicht, die Augen zu heben. Sie erschrak, als der Königssohn nach ihrer Hand griff und sie in den Saal zog. Sie wollte sich losreißen und weglaufen,

aber der Mann hielt sie fest. Der Königssohn
tanzte mit der Küchenmagd, und die Leute im Saal
lachten und spotteten. Als auch noch die beiden
gefüllten Töpfchen aus den Taschen sprangen
und auf den Boden kullerten, wäre die Prinzessin
vor Scham am liebsten in der Erde versunken. Sie
versuchte zu fliehen, aber der Königssohn holte
sie ein. Erst jetzt wagte sie, dem fremden Mann ins
Gesicht zu sehen. Sie wurde vor Schrecken
kreideweiß. Vor ihr stand der König Drosselbart,
den sie abgewiesen und verspottet hatte. Er sagte

mit freundlicher Stimme: »Ich habe mich als Bettler verkleidet, und du hast mit mir in dem elenden Häuschen gelebt. Ich war auch der wilde Reiter, der das Geschirr auf dem Markt zertrümmert hat. Dein Vater und ich, wir wollten dich für deinen Hochmut bestrafen.«

»Ich bin es nicht wert, deine Frau zu sein«, schluchzte die Prinzessin.

»Hör auf zu weinen!«, sagte der König Drosselbart. »Die bösen Tage sind vorüber, und jetzt wollen wir ein großes Hochzeitsfest feiern. Es ist alles vorbereitet.«

Da kamen zwei Dienerinnen und brachten der Prinzessin ein prächtiges Kleid. Als sie zurückkam wartete schon im Saal der Vater der Prinzessin

und schloss seine Tochter glücklich in die Arme. König Drosselbart gab der schönen Prinzessin einen Kuss, und alle Gäste jubelten ihnen zu. Jetzt begann ein langes, großes, wunderschönes Hochzeitsfest. Es ist nur schade, dass wir beide, du und ich, nicht dabei sein konnten.

Schwan, kleb an!

Es war einmal ein König, der hatte große Sorgen.
Seine einzige Tochter war zwar wunderschön, aber
sie konnte nicht lachen! Der König ließ die größten
Spaßmacher des Landes ins Schloss holen. Sie
erzählten die lustigsten Geschichten und machten
die komischsten Kunststücke, aber keiner konnte
die Königstochter zum Lachen bringen.
In seiner Not schickte der König eine Botschaft in
alle Länder: »Wer die Prinzessin zum Lachen
bringt, soll reich belohnt werden!«
Viele Leute hielten sich für besonders klug oder
witzig und hofften auf reichen Lohn. Aber von allen
Leuten, die versuchten, die Prinzessin zum
Lachen zu bringen, schaffte es nicht ein Einziger.

Der König war enttäuscht und gab schließlich die Hoffnung auf. Aber jeder weiß, dass im Märchen manchmal Wunder geschehen.

In einem kleinen Ort mitten im Königreich lebte eine Familie mit drei Söhnen. Eines Tages ging Gottfried, der jüngste Sohn, in den Wald, um Holz zu sammeln. Er setzte sich auf einen Baumstamm und weinte bitterlich. Plötzlich stand eine alte Frau vor ihm.

»Warum weinst du?«, fragte sie freundlich.

»Meine beiden großen Brüder behaupten, ich sei ein Dummkopf«, klagte Gottfried.

Die alte Frau legte ihm die Hand auf die Schulter und sagte: »Die Welt ist so groß. Warum willst du für immer in dem kleinen Dorf bleiben? Du kannst auch in der Ferne dein Glück finden.«

Ehe Gottfried antworten konnte, war die Frau verschwunden, aber

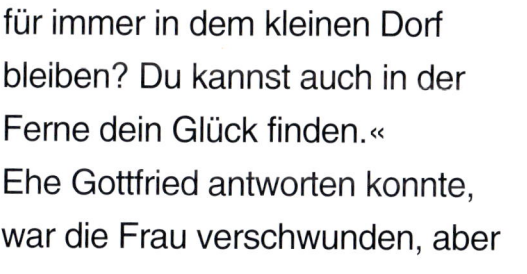

er konnte ihre Worte nicht vergessen. Und eines
Tages machte er sich auf in die weite Welt.
Am Rande des Dorfes blieb er stehen und schaute
sich noch einmal um. Der Abschied fiel ihm nicht
leicht, aber jetzt konnte er endlich beweisen, dass
er kein Dummkopf war.
Als Gottfried sich umdrehte, stand die alte Frau
hinter ihm. »Ich will dir einen Rat geben«, sagte
sie. »Wandere, bis die Sonne untergeht! Dann
kommst du an einen Kreuzweg. Da steht ein
großer Birnbaum. Ein Mann hat einen schönen,
großen Schwan an den Baum gebunden. Binde
ihn los, dann wird er dich auf deinem Weg
begleiten!«
»Das muss ein ganz
besonderer Schwan sein«,
meinte Gottfried.
»So ist es«, sagte die alte
Frau und gab ihm ein
kleines Stöckchen.
»Wenn einer kommt und
den schönen weißen

Schwan berühren
will, sagst du einfach:
›Schwan, kleb an!‹ Jeder, der den
Schwan berührt, klebt an den Federn und kommt
erst wieder los, wenn du ihn mit dem Stöckchen
berührst.«
Nach diesen Worten verschwand die alte Frau.
Gottfried wanderte bis zum Sonnenuntergang. Von
Weitem sah er schon den hohen Birnbaum. Als er

näher kam, entdeckte er auch den Schwan, der an dem Baum angebunden war. Noch nie hatte er einen so herrlichen Schwan gesehen. Er knüpfte ihn los und sah mit Staunen, dass das schöne Tier ihm brav folgte.

Am nächsten Morgen kam Gottfried in eine Stadt. Ein kleiner Junge sah den Schwan und wollte ihn streicheln.

»Schwan, kleb an!«, rief Gottfried. Da klebte der Junge mit seiner Hand fest an den Federn. Es blieb ihm nichts anders übrig, als hinter dem Schwan herzulaufen. Eine Frau reichte dem Jungen die Hand und konnte nicht mehr loskommen. An einer Ecke stand ein Schornsteinfeger. Er wollte das Kind und die Frau befreien, aber er schaffte es nicht,

denn Gottfried hatte längst wieder »Schwan, kleb
an!« gerufen. Vor der Tür des Bäckerladens stand
der dicke Bäckermeister. Der Schornsteinfeger rief
ihm zu: »Komm schnell und reiß mich los!« Kaum
hatte der weiße Bäckermeister den schwarzen
Schornsteinfeger am Rock erwischt, da blieb er
hängen. Einer nach dem anderen klebte fest: ein
Polizist, ein Soldat, ein Clown, der Pastor, der
Lehrer und sogar der Herr Bürgermeister. Die Frau
des Bürgermeisters rief ihrem Mann zu: »Schämst
du dich nicht, bei so einem Unfug mitzumachen?«
Sie wollte ihren Mann befreien, aber Gottfried rief
schnell: »Schwan, kleb an!«

Die Frau Bürgermeister schimpfte und zeterte, und
die Leute, die am Rand der Straße standen,
hielten sich die Bäuche vor Lachen.
Plötzlich kam eine goldene Kutsche um die Ecke
gefahren. Die Leute rissen die Hüte von den
Köpfen und jubelten, denn in der Kutsche saßen
der König und die Prinzessin. Der König winkte
lachend seinen Untertanen zu, aber die
Prinzessin machte wie immer ein
trauriges Gesicht. Plötzlich
entdeckte der Kutscher die
lange Menschenschlange
hinter dem Schwan. Er
hielt an und öffnete die
Tür der Kutsche. Der
König und die Prinzessin
stiegen aus.
»Was sehe ich denn
da?«, rief der König und
lachte.
Die Prinzessin stand mit
ernstem Gesicht

neben dem König und verzog beim Anblick der langen Schlange keine Miene. Die Leute hinter dem Schwan machten die seltsamsten Verrenkungen, um sich zu befreien. Und alle Leute lachten, nur die schöne Prinzessin nicht. Aber was war das? Die Prinzessin klatschte plötzlich in die Hände. Und dann fing sie an zu lachen. Sie lachte und lachte und lachte und konnte gar nicht mehr aufhören zu lachen. Sie lachte zum allerersten Mal in ihrem Leben. Der König konnte es kaum fassen. Er nahm die Prinzessin in den Arm und war sehr glücklich. Die vielen Leute am Rand der Straße riefen: »Die Prinzessin hat gelacht! Sie hat wirklich gelacht.« Die Kunde ging wie ein

Lauffeuer durch die Stadt, und jeder kam und wollte die Prinzessin lachen sehen.

Gottfried holte das Stöckchen aus der Tasche und befreite damit alle, die in langer Reihe an seinem Schwan hingen. Dann wollte er schnell davonlaufen, aber ein Diener griff nach ihm und führte ihn zum König.

»Du hast meine Tochter zum Lachen gebracht, und dafür will ich dich belohnen«, sagte der König. »Du kannst wählen zwischen hundert Goldtalern oder einem Bauernhof.«

Gottfried brachte vor Staunen kein Wort heraus. Der König forderte ihn auf, sich zu entscheiden.

Da stotterte Gottfried: »Ich . . . ich nehme den Bauernhof.«

Die Prinzessin staunte: »Niemals habe ich einen so herrlichen Schwan gesehen.«

Sie bückte sich, streichelte über das schneeweiße Gefieder, und Gottfried sagte blitzschnell sein Sprüchlein: »Schwan, kleb an!« Da hing auch die Prinzessin am Schwan. Aber sie schimpfte und zeterte nicht wie die Frau Bürgermeister, nein, sie lachte und lachte und lachte. Und zuletzt lachte auch Gottfried, denn jetzt hatte er auch noch eine Prinzessin gefangen. Er berührte sie mit seinem Stöckchen, und schon war sie frei. Aber die Prinzessin bestand darauf, Gottfried und seinen Schwan mit ins Schloss zu nehmen.

Jetzt kann sich jeder denken, wie die Geschichte zu Ende ging. Die Prinzessin nahm Gottfried zum Mann, und alle Leute im Land feierten eine fröhliche Hochzeit. Und wenn sie nicht gestorben sind, dann lachen sie noch heute.

Der Bücherbär
Klassiker für Erstleser

ISBN 978-3-401-09079-5

ISBN 978-3-401-08928-7

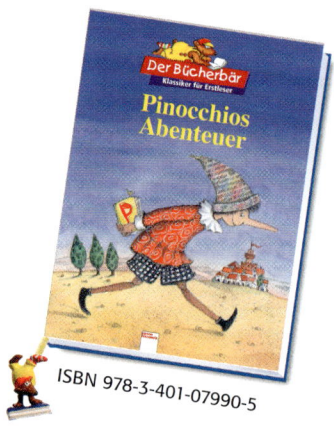

ISBN 978-3-401-07990-5

In der Reihe »Klassiker für Erstleser« sind bereits erschienen:

Heidi ISBN 978-3-401-08169-4

Nils Holgersson ISBN 978-3-401-08158-8

Peter Pan ISBN 978-3-401-08764-1

Robinson Crusoe ISBN 978-3-401-08825-9

Till Eulenspiegel ISBN 978-3-401-8826-6

Die Schatzinsel ISBN 978-3-401-08906-5

Peterchens Mondfahrt ISBN 978-3-401-08746-7

EDITION BÜCHERBÄR

Jeder Band:
72 Seiten. Gebunden. Ab 7/8 Jahren.
Durchgehend farbig illustriert.

www.arena-verlag.de